全国亿万学生阳光体育运动课外活动指导书

青少年冰雪运动推广丛书　总主编 朱志强

单板滑雪

DANBAN HUAXUE

哈尔滨体育学院　组编

本册主编　谭　睿　陈曲骏骊

高等教育出版社·北京

青少年冰雪运动推广丛书
编委会

审委会

（排名不分先后）

本册参编者

主　　编：谭　睿　陈曲骏骊

编　　委：马喜强　李智鹏　康建鑫　周若晨

视频制作：罗跃新

动作示范：马喜强　谭　睿　李智鹏

前　言

冰雪运动是一项在冰上和雪上进行的贴近大自然，具有季节性和其独特魅力的运动。随着北京2022年奥林匹克冬季运动会申办成功，《体育发展“十三五”规划》《冰雪运动发展规划(2016—2025年)》等体育政策文件相继颁布，我国冰雪运动迎来了大发展时代。为了更好地贯彻落实习近平主席提出的“北京举办冬奥会将带动中国3亿人参与冰雪运动”的号召，普及大众冰雪运动，推动冰雪运动发展，让青少年看得懂、学得会，我们编写了“青少年冰雪运动推广丛书”。丛书以奥林匹克冬季运动会15个大项为主要内容，挑选易在大众中普及推广的项目，如短道速滑、速度滑冰、花样滑冰、单板滑雪、高山滑雪、冰球、冰壶等项目进行介绍和基本练习指导。丛书立足零基础的儿童、青少年，通过简明的文字、生动的图片和二维码视频，呈现给读者冰雪运动项目的比赛规则、观赛礼仪、器材场地等基本知识，陆上、冰雪上的基本训练方法，以及组织练习和游戏的方法。

丛书由哈尔滨体育学院组织编写。哈尔滨体育学院在冰雪教学、科研、训练方面在国内高校首屈一指，先后为国家培养出了罗致焕、王金玉、刘凤荣、申雪、赵宏博、王曼丽、刘佳宇、张义威、王濛、刘秋宏、隋宝库等世界级运动竞技人才，为我国冰雪体育事业的发展做出了突出贡献。总主编朱志强教授,现任哈尔滨体育学院院长,国际大学生体育联合会冰球委员会副主席,国际班迪联合会副主席,中国大学生体育协会副主席、冰雪分会主席,中国冰球协会副主席,教育部教学评估专家。编委阚军常教授现任哈尔滨体育学院副院长,博士生导师。

本册深入浅出地介绍了单板滑雪运动项目,包括认识单板滑雪,场地、装备与器材,单板滑雪的基本常识,陆上练习,单板滑雪运动技术,比赛规则等内容。衷心期望广大青少年读者能够通过本书学习和了解单板滑雪运动项目的发展,学会欣赏单板滑雪运动项目,能跟着教材进行基本的技术动作练习。也祝愿广大单板滑雪爱好者喜爱阅读和欣赏本书。

编　者

2020 年元月

目录

第一章 认识单板滑雪

- 一、定义
- 二、单板滑雪的发展史
- 三、赛事级别

知识窗

我国单板滑雪U型场地技巧项目从2006年开始参加意大利都灵冬奥会。2018年刘佳宇在韩国平昌冬奥会获女子项目银牌,这是中国单板滑雪的历史性突破。在该届冬奥会上,我国平行大回转女选手首次拿到入场券,中国该项目开始参加冬奥会。

一、定义

单板滑雪又称冬季冲浪运动。国际上将两脚踩在一块滑雪板(简称:雪板)上进行滑行的雪上运动称为“SNOW BOARD”,在我国翻译为“单板滑雪”。2022年北京冬奥会将进行平行大回转(男、女)、U型场地技巧(男、女)、障碍追逐(男、女)、大跳台(男、女)、坡面障碍技巧(男、女)共5组10个小项的比赛。

平行大回转(Parallel Giant Slalom)是由两名运动员在两条滑雪道(简称:雪道、赛道)上同时出发、平行下滑的竞赛项目。两条雪道坡度、宽度、旗门设置和雪质均应相同。

障碍追逐(Snowbard Cross)是多名运动员同时出发,在由雪墙、起跳台、波浪式雪道组成的场地滑行的竞赛项目。

U型场地技巧(Halfpipe)是运动员在倾斜的半圆形赛道(碗状坡道)中滑行及进行跳跃、回转等空中技巧展示的竞赛项目。

坡面障碍技巧(Snowboard Slopestyle)是运动员在由铁轨、桌子、箱子、墙壁及跳台等构成的赛道上滑行的竞赛项目。

大跳台(Snowboard Big Air)是运动员在至少长30米的助滑

坡快速下滑至起跳台飞跃，通过身体移动在空中完成空翻、转体、抓板等动作的竞赛项目。

二、单板滑雪的发展史

单板滑雪于 20 世纪 60 年代始于美国，1965 年一位叫谢尔曼·波鹏的滑雪爱好者制造了第一块雪地冲浪板。到 20 世纪 70 年代中期，单板滑雪开始兴起。单板滑雪兴起的初期，高山滑雪、自由式滑雪以及陆地滑板爱好者将这些运动的一些技术、技巧和运动形式引进单板滑雪中，从而使单板滑雪形成了一个独立的竞技项目，促进了单板滑雪运动的发展。

1980 年，在美国滑雪联盟的组织下，制定了第一个单板滑雪竞赛规则，并于 1983 年在美国举行了首届国际单板滑雪赛。一般认为，单板滑雪作为竞技运动的起点是 1983 年。1987 年，单板滑雪世界杯开始举行，在欧洲和美国各进行两站。来自美国、加拿大、意大利、法国、德国、荷兰、日本等国家的 100 余名运动员参加了男女回转、男女大回转、男女平行回转、男女 U 型场地技巧等 8 个项目的比赛，极大地推动了世界单板滑雪运动的发展。

1988 年，单板滑雪已发展到 10 余个国家，参加单板滑雪运动的人数达 200 余万。为适应这项运动的发展，美国于 1988 年成立了业余单板滑雪协会（USASA），统一了竞赛项目和规则，并于 1990 年 2 月举行了首届全美单板滑雪锦标赛。

1989 年，一个国际性的单板滑雪组织成立，称国际单板滑雪协会（ISA）。它协同日本、北美和欧洲一些国家单板滑雪爱好者与职业单板滑雪联盟共同组织比赛。1990 年，国际单板滑雪协会更名为国际单板滑雪联合会（ISF），但没有获得国际奥委会承认。因为管理国际滑雪运动唯一的合法组织是国际滑雪联合会(简称:国际雪联)。于是,从 1993—1994 赛季起,单板滑雪世界杯改由国际雪联领导。

1994—1995 年,为了进一步推动单板滑雪的开展,国际雪联在举办世界杯的同时,还在意大利奥郎(Olang)、德国赖特因温克尔(Reit im Winket)和伦格里斯(Lenggries)等地举办了 13 次国际单板滑雪赛。美国、日本、荷兰、意大利、奥地利、加拿大、德国、芬兰、智利、丹麦 10 个国家的 1 000 余名运动员参加了男女平行回转、男女大回转、男女回转、男女 U 型场地技巧等 8 个项目的比赛。1994 年,国际雪联决定从 1996 年开始举办世界单板滑雪锦标赛,每 2 年举行 1 次。

1995 年,鉴于单板滑雪的发展,国际奥委会决定将单板滑雪纳入奥运会,设男、女大回转和男女 U 型场地技巧 4 个小项,并认定国际雪联为世界单板滑雪的管理者。2002 年国际单板滑雪联合会被撤销。

在 2002 年美国盐湖城冬奥会上单板 U 型场地技巧依旧是正式比赛项目,单人大回转项目被取消,替代的是单板平行大回转。在 2006 年意大利都灵召开的冬奥会上,增设单板滑雪追逐项目。2014 年俄罗斯索契冬奥会上新增的 12 个项目中有 9 个滑雪项目,其中 4 个是单板滑雪项目。到 2022 年北京冬奥会,单板滑雪将新增单板滑雪障碍追逐混合团体项目。

我国在单板滑雪 U 型场地技巧项目上,具备一定的发展潜力。在 2007—2008 年度赛季男、女运动员均取得一定成绩,出现了刘佳宇、孙志峰、陈旭、潘蕾、曾小烨等一批青年选手。

2003 年 2 月 19 日,我国第一次派出了以王石安为团长兼翻译,由陈伟光、李晓东、王葆衡、王永涛、王陵、季晓鸥、刘长福参加的赴日本的单板研修团。这是我国首次组织专业人员正式接触单板滑雪运动。

2005 年,单板滑雪 U 型场地技巧国家集训队成立,组队不到一年就参加了在哈尔滨的亚布力举行的首届全国单板 U 型场地滑雪比赛。2005 年 1 月 18 日,第一次组织队伍参加世界大学生冬季运动会比赛。女运动员潘蕾获得了单板滑雪 U 型场地技巧项目的银牌。这是我国单板滑雪 U 型场地技巧项目在国际比赛中获得的第一枚奖牌。2005 年 2 月 5 日至 8 日,我国第一次派队参加了国际雪联主办的日本站的比赛,共有 8 名运动员参赛。这是我国单板滑雪运动员第一次正式参加国际比赛,获得了国际雪联的积分。2005 年 9 月 13 日,我国第一次派队参加世界杯。女运动员孙志峰获得了第 8 名的好成绩,并以 320 分的积分获得了参加意大利都灵冬奥会的入场券。

2006 年 2 月 15 日,我国单板滑雪第一次派队参加都灵冬奥会。潘蕾获得了第 28 名,孙志峰获得了第 30 名。成绩虽然不够理想,但仅仅训练了两个冬季就获得了参加冬奥会的资格,这本身就是奇迹。

2010 年温哥华冬奥会上,我国单板 U 型场地技巧女子运动员刘佳宇夺得第 4 名。

2014 年 2 月 11 日,在索契冬季奥运会,张义威以 87.25 分获得单板滑雪男子 U 型场地技巧第 6 名。

2015 年 3 月 1 日,国际雪联单板滑雪 U 型场地世界杯美国帕克城站,我国运动员张义威夺得冠军,并获得世界杯赛季总冠军及美国大奖赛总冠军。

2015 年 1 月 17 日,世界单板滑雪锦标赛女子 U 型场地技巧比赛中,蔡雪桐以 94.25 分获得冠军。2017 年世界单板滑雪锦标赛中,蔡雪桐再次获得女子U型场地技巧冠军。同年她入选2017CCTV体坛风云人物年度最佳女运动员奖候选名单。

2018年1月20日，张义威获得在瑞士莱克斯滑雪度假区举办的莱克斯公开赛男子U型场地技巧季军。

2018年2月13日，在韩国平昌冬奥会中，刘佳宇夺得银牌，为中国夺得首枚冬奥会奖牌，再次刷新了中国单板滑雪运动的成绩。

单板滑雪运动在奥林匹克运动里还是个新兴项目，相信定会在未来带给我们更多的惊喜。

三、赛事级别

单板滑雪国际赛事主要分为三个级别：

A级：冬季奥运会、世界单板滑雪锦标赛、世界青年单板滑雪锦标赛、世界杯赛、青年冬奥会。

B级：洲际杯、世界大学生冬季运动会。

C级：国家锦标赛、国际雪联赛、欧洲青年奥林匹克节。

第二章

场地、装备与器材

一、场地

（一）平行大回转

滑雪道的垂直高度差为120~200米；全长400~700米（建议采用550米）；至少须设置18个旗门（建议设置25个），旗门之间的水平距离（回转杆和回转杆之间）20~25米；两条赛道从上面向下看，从起点到终点方向上，左侧赛道的旗门杆和旗门旗为红色，右侧赛道的杆和旗则为蓝色，蓝旗赛道与红旗赛道之间应保持20~27米的距离；平均坡度须为16°（±2°）；坡道宽度至少40米（图2-1）。

图2-1 平行大回转场地

赛道必须考虑上面所规定的落差和坡度，确保两条滑雪道平行且长宽相同，长度和垂直落差比例一致，包括一系列弯道应便于运动员最大限度地发挥速度，完成动作和精确转弯。赛道必须是对称的，既不对右脚在前的运动员有利，也不对左脚在前的运动员有利。

（二）障碍追逐

障碍追逐赛的滑雪道综合了各种地形且坡度适中，通常包括下列障碍：新月形雪墙、双雪坝、波浪形障碍、偏置波浪形障碍、跃升形障碍、山脊形障碍、双脊形障碍跳、平顶形障碍、下降跳等（图 2-2）。

旗门设置必须使运动员在高速滑行时能瞬间清楚分辨，包括一个短粗的弹性杆（在内侧）和一个长高的回转杆（在外侧），两者由一个三角形的旗门连接。

冬奥会的场地垂直落差为 180~250 米，男子和女子比赛可以采用同一个场地。赛道长 900~1 200 米。平均坡度 9°~13°，宽最小 30 米。特殊情况下，巡视员或者仲裁委员会可以批准使用部分不符合要求的赛道，赛道宽 6~16 米。

图 2-2　障碍追逐场地

（三）U 型场地技巧

赛道是雪中修成的 U 型槽，底部几乎平坦而略有弯曲，壁呈凹状。在过渡区流畅衔接，随高度上升逐渐接近垂直。选手从一侧壁滑到另一侧壁，目的是获得最大的腾空高度来做高难度动作。

冬奥会的 U 型场地技巧赛道的长度（可以滑行的距离）为 160~180 米（建议采用 170 米）；深度（从场地的底部沿滑道面到壁沿）6.5~6.7 米；垂直区，壁的上部 0.2 米，壁的倾角 82°~83°；坡度（场地的中心线）17°~18°（建议 18°）；半圆筒宽（从一侧壁角到另一侧壁角）19~21 米（图 2–3）。

图 2–3　U 型技巧场地

（四）坡面障碍技巧

坡面障碍技巧的赛道上有多种类型的障碍物（箱子、波浪物、跳台、铁杆等），具有技术挑战性。场地分为不同的区域，在同一个位置设置一个或多个障碍物，每个区至少要有一个可以评判的动作。场地至少要有两种类型的障碍物，并依据比赛级别设置不同数量的跳台和评判的动作(图 2-4)。

图 2-4　坡面障碍技巧场地

冬奥会赛道垂直高度差在 100~200 米之间(建议 150 米以上),平均坡度 10°以上且坡度均匀,赛道宽至少 30 米,由最少 6 个以上赛段(地形 + 跳跃)、3 个以上的跳台构成。

障碍之间的距离足够允许选手流畅地进行动作的过渡和表演。场地的设计至少允许选手有 20 秒以上的滑行时间。坡面障碍技巧场地为男女运动员通用。

(五) 大跳台

大跳台场地由出发区(包括助滑区)、起跳台、着陆区、停止区组成。场地必须符合国际雪联技术数据。助滑区使运动员达到进行跳跃的初始速度,着陆区的角度可以足够让运动员做出空翻和转体动作(图 2-5)。

出发区宽度最小 5 米,助滑区宽度最小 5 米,助滑区平台长度最小 5 米,助滑区长度最小 30 米,助滑区坡度最小 20°,助滑区平坦部位、起跳之前小的过渡区长 5~10 米;跳台高度(平坦部分的底部至跳台的顶端)最小 2 米,起跳角度最小 25°,宽度最小 5 米;着陆区(起跳至落地)10~15 米,着陆坡坡度最小 28 度,宽度最小 20 米,长度最短 35 米；停止区长度 20~30 米（建议 30 米），宽度 20~30 米（建议 30 米）。

图 2-5 大跳台场地

二、装备与器材

（一）装备与器材及其选择

单板滑雪的装备、器材包括：滑雪护具、滑雪板、滑雪鞋和固定器（图 2-6、图 2-7）。

图 2-6 滑雪装备、器材

图 2-7 滑雪板、滑雪鞋和固定器

知识窗

由于单板滑雪与高山滑雪滑行方式不同，滑行者摔倒后受伤的部位也会不同。单板滑雪摔倒后主要是臀部、膝关节、肘关节和腕关节容易受伤。因此，除了佩戴头盔保护头部安全以外，还要根据需要选择护脊、护臀、护肘和护腕。

1. 滑雪护具

头盔（图 2-8）、滑雪镜（图 2-9）、滑雪服（图 2-10）、滑雪手套（图 2-11）都是运动员在高速滑行中保证安全不可缺少的物品。服装要合身，尽量做到既减少风的阻力，又轻便保温。

图 2-8 头盔

图 2-9 滑雪镜

2. 滑雪鞋

单板滑雪鞋分为软鞋（图 2-12）和硬鞋（图 2-13）两种。硬鞋同高山滑雪鞋非常相似（硬的外壳及柔软的内鞋胆），今天几乎只用在少数竞技比赛中（如大回转）。舒适轻便的软鞋日益受到广大单板滑雪爱好者的青睐。

图 2-10 滑雪服

图 2-11 滑雪手套

图 2-12 单板滑雪鞋软鞋

图 2-13 单板滑雪鞋硬鞋

滑雪鞋最重要的一点是合适，要选择适合自己的滑雪鞋，同时滑雪鞋和固定器也要适合。尺寸合适的滑雪鞋，滑雪者应该感到脚尖稳固在雪鞋的前方，而脚跟稳固在鞋的后方。滑雪鞋中的双脚既不会有很大的活动空间，脚尖也不会被顶得蜷缩起来。

3. 滑雪板

单板滑雪板也简称雪板，其构造、滑行原理和条件同高山滑雪板很相近，但因用法不同，还是有一定差别的，单板滑雪板一般分为三类（图 2-14）：

图 2-14 三类单板滑雪板

竞技式：板尖部分略微下翘弯曲，板比较窄，尤其板腰部分更窄。基本上只用在雪道上滑行，适合回转比赛。

全能式：不仅可以在雪道上滑行，还可以在深雪中滑，也被称为多功能大众全能板。此板前后端都向上翘起，从板面的涂装可以确定板的滑行方向。

自由式：适用于跳跃、旋转等滑雪技巧。

滑雪板的形状、长度和软硬度的选择。

雪板形状的选择：因单板雪板分为全能式、竞技式和自由式等类别。因此若是从事高山竞速滑雪则要追求速度，需选择雪板窄而长，板尖为圆形并向上翘起，板尾平的滑雪板。若从事自由滑雪运动则追求的主要是技巧，需选择雪板较宽，雪板两头均为圆形，并向上翘起的滑雪板。

滑雪板长度的选择：雪板应该比身高短 20 厘米左右。有些人会使用140~165厘米长的雪板，儿童雪板可以短至90厘米。雪板愈长，在高速滑行时会越稳定，但是操控性会越差。

滑雪板软硬度的选择：若从事高山竞速滑雪，则需选择滑雪板硬度高的。反之，若从事自由滑雪运动，则需选择那些软的滑雪板。

4. 固定器

同高山滑雪最大的区别是单板滑雪板的固定器是将鞋和板真正地固定在一起的。单板滑雪软鞋和硬鞋要配不同的固定器。目前固定器的最新款式是STEP IN，即在鞋底加一块特殊金属，用于固定鞋和板。

固定器分为绑带式（图2–15）和后穿式（图2–16）。前者穿起来有些麻烦，但结实、舒适；后者穿戴与调整方便，但牺牲一定的舒适性。

（二）打蜡和滑雪板的保养

如果你有自己的滑雪板，就需要掌握滑雪板养护的基本方法。你可以选择在当地的滑雪用品店找技师进行养护，当然最好是亲自打理。亲自打理不仅能节省费用，还能使你的心爱“伙伴”更加得心应手。

蜡能使滑雪板更加润滑，提高滑雪速度。通过上蜡时的刮刷过程，来减小滑雪板底部的摩擦力。

基于这个原因，大多数商店都出售标有不同温度的滑雪蜡系列产品。如果天气预报准确的话，我们便能够根据第二天的温度来选择适宜的滑雪蜡，在前一天打好蜡，以保证第二天的滑行。

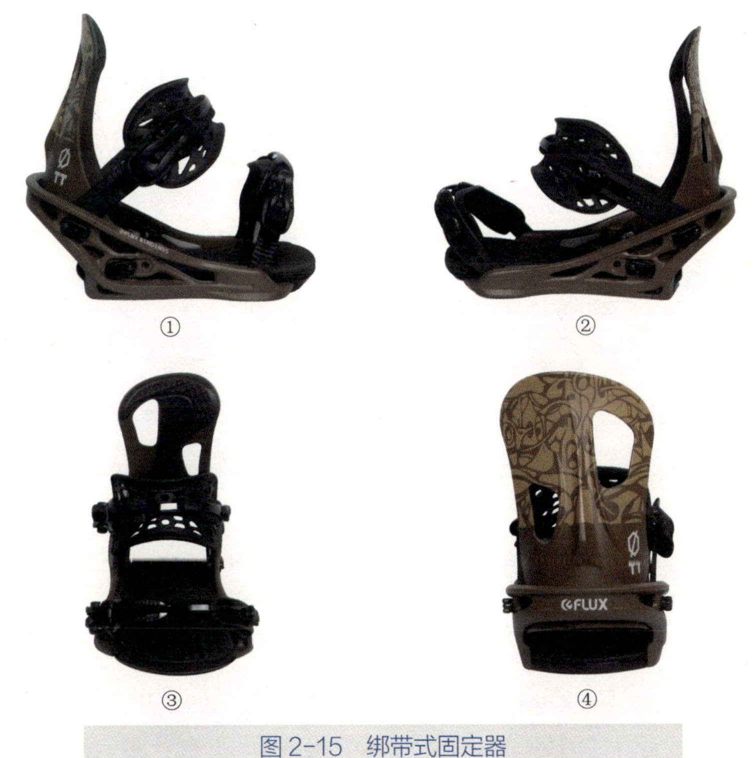

①
②
③
④

图 2-15　绑带式固定器

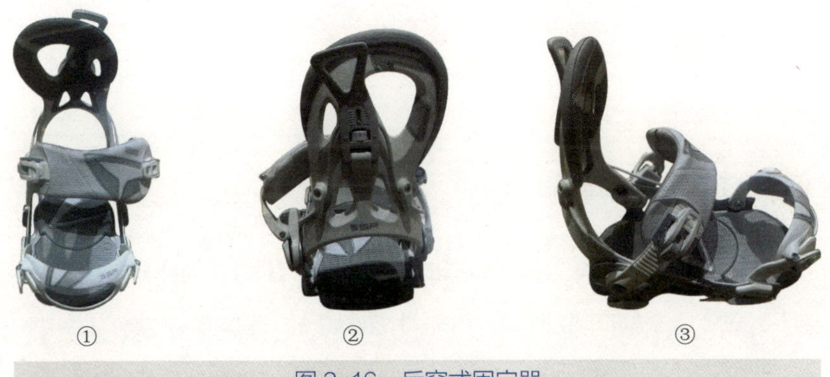
①
②
③

图 2-16　后穿式固定器

1. 补板

在打蜡之前，首先应对滑雪板上的划损部位进行修补。修补可使用塑料材质(P-tex)的补板胶条。补完后需用钢制刮板刮去多余的塑料,刮平后还需要用刀尺进行测量,最后使用不同型号的刷子和砂纸进行抛光。特别提示:修补滑雪板的底部要在打蜡和修理滑雪板的板边刃之前进行。

2. 修刃

补完板,就可以进入修滑雪板的金属钢边,即修刃环节。你也许能够买到廉价的修刃器或替代品,但一定要选用最合适的修刃器,因为不合适的工具可能会对板刃造成无法弥补的损伤。修刃时先用毡尖笔在要修复的钢刃上蹭出一道笔痕,之后将滑雪板板刃朝上,牢牢地固定在开刃架上,以保证打磨工具能够顺利地进行打磨。沿着板刃进行打磨,直到先前画的笔痕全部被打磨掉。应先修底刃再修侧刃。要集中注意力,小心地进行打磨,以免用力过度,或因失手划伤滑雪板,造成无法挽回的损失。如果你耐心地一点一点打磨,就会发现,其实修刃也并不是一件难事。每次在使用锉刀修理板刃后,需要用不同密度的油石进行打磨抛光。

3. 打蜡

给滑雪板打蜡其实是一件非常简单的事情。可以在滑雪用品商店里买到打蜡专用电熨斗,或者也可以使用普通的家用电熨斗。在打蜡过程中不会用到蒸汽,如果是蒸汽熨斗则要把水控干。

需要用到一个刮板,现在有专门打蜡用的刮板;或者也可以找一把钢尺或别的什么硬片儿来代替,只要能刮下蜡就可以了。

开始打蜡前,要让滑雪板在室内放置一段时间,使其温度与室温一致,最好是在要开始打蜡前一晚就把滑雪板放到室内。

4. 打磨板底

板底或钢刃上会有很多剐痕或凹槽，需要对其进行修复、打磨，再有就是补板后的余料及修复板芯后的划痕也需要打磨，以保证板底光滑平整。但事实上，板底并不像我们想象的那样光滑，可以使用砂纸进行打磨。板底不需要经常打磨，可能一年才需要磨一回。

第三章

单板滑雪的基本常识

一、滑雪道的识别

出于安全考虑，对滑雪道进行分级，并标明难度，以供不同人群根据自己的滑雪水平而选择。

绿道：初级道，适于初学者。道内没有陡坡，坡度小于 15°。

蓝道：为初学者进阶或中级玩家使用，坡度在 15°~22°。

红道：适于熟练掌握转弯及制动的中级以上水平或进阶高级的玩家。道内有陡坡、雪包等地形，坡度大于 22°。

黑道：仅供高级或专家级滑雪者。道内所有路段都非常陡峭，设有各种高难度的复杂地形。

这里所说的绿道、蓝道、红道、黑道，并不是滑雪道本身的颜色，而是指标识的颜色。通常在白雪皑皑的滑雪道两旁，每隔一段距离就会立有对应级别颜色的杆子，以及在雪场的地图上雪道的颜色被标识为相应的颜色。

二、滑雪缆车及使用注意事项

滑雪缆车包括：魔毯、拖车、吊椅、吊厢等。

魔毯乘坐方法：面对魔毯上行方向，双脚站于魔毯上，自然站立，登顶后自然走下魔毯即可。

拖牵乘坐方法：拖牵分为腿夹式、托臀式、托腰式。乘拖牵时应面对山上，站在拖牵的滑行轨道上，一只脚固定在雪板上，另一脚站于雪面，将拖牵放入胯下（臀后或腰后）后自然站立于雪板上。到顶后拖牵离开，未固定的脚横向迈出，保持雪板与滚落线垂直，另一只脚跟上。

吊椅、吊厢乘坐方法：自然站立于索道站，吊椅或吊厢到达后自然坐下，将围栏或保护罩放下即可，到达顶端将围栏或保护罩打开，向滑雪道方向滑离索道站即可。

三、滑雪秩序和滑道规则

国际雪联关于规范双板滑雪者及单板滑雪者行为的十条安全规则如下：

（一）尊重他人

无论是双板还是单板滑雪者，都应该遵循以下行为规则：绝不做出将会损伤自己或致使他人受伤的行为。

（二）控制速度和采用适宜的滑雪方式

无论双板还是单板滑雪，都应当让自己的滑行处于可控范围内。其滑行速度和方式应当和其个人滑雪水平相符，并且应根据地势、雪质、天气和滑雪场的人员密度来选择以何种方式滑行。

（三）选择滑行路线

无论双板还是单板滑雪，如果身处前方的滑雪者之后，务必要选择不危及前方滑雪者的线路滑行。

（四）超越或横越

无论双板还是单板滑雪，在从另一位滑雪者的后面超越或从前侧面横越滑行时，都有责任保证前面滑行者的正常滑行，留给被超越或被横越者足够的滑行空间。

(五)进入滑道、启动滑行和登坡

为了不至于给自己或他人造成危险,无论双板还是单板滑雪者,在进入滑道、启动滑行或是在滑道上登坡时,都必须注意观察滑道的上方和下方,务必保证不危及自己和他人的安全。

(六)在滑道上停止、逗留

无论双板还是单板滑雪,除非有绝对的必要,否则不得在滑道中央区域停留或停止,严禁在狭窄处或视线受阻处停留或停止。若不慎在上述地方摔倒,应尽快站起离开。

(七)徒步上下坡

无论双板还是单板滑雪,当在滑雪道徒步上下坡时,应到滑道边上行走。

(八)注重警示和提醒标识

无论双板还是单板滑雪,请务必对信号牌、指示牌和指示物保持足够的重视。

(九)救援

无论双板还是单板滑雪,在意外伤害事故发生时,周边人员和场地管理者均有责任全力提供援助。

(十)提供身份信息

无论双板还是单板滑雪,在遇到事故时,每位滑雪者和目击者,不管是否有相关责任,都应当提供本人的身份信息和联系方式。

四、安全常识

单板滑雪在高寒的山上进行，由于教学、训练和比赛中运动消耗能量较大，很容易出现突发性损伤。为了安全，应全面考虑自身条件、能力、滑雪场环境、滑雪用具等因素。

（一）观察

在滑行过程中，教练应时刻观察滑行者的身体状况，注意滑行者是否有异常情况，如疲劳、扭伤、拉伤等；而滑行者自己应时刻观察滑道状况，避免冲撞。

（二）检查服装、器材

单板滑雪的装备器材对单板滑雪者的学习效果及安全都非常重要。因此在每次滑行前都要细心检查，除服装、护具外，尤其是器材的检查更为重要。

（三）充分热身

滑行前应充分热身，活动各主要关节和韧带，防止运动损伤，提高滑行注意力。

（四）选择适宜的场地

选择场地首先要考虑到自身的技术水平，场地的坡度、距离、宽度及雪面状况等都会影响练习质量。开始学习阶段应选择平坦、距离较长的缓坡，随技术水平的提高可选择不同坡面及不同雪质的场地。

（五）掌握急救常识

在滑雪场特别是滑道内遇到受伤事故现场时，每一名在场的滑雪者都有义务帮助救援。

首先要设置警示标识，可用滑雪杖或滑雪板交叉插于雪面；或取用其他能起到警示作用的物品在事故现场、伤者的上方一定距离设置标识。

设置安全标识后，迅速通知雪场救援部门。

仔细观察伤者，判断危急程度，如果不是万分紧急，则尽量不要移动伤者。

第四章

陆上练习

- 一、专项徒手练习
- 二、专项器材练习

一、专项徒手练习

(一) 三角拉伸

动作要领:双腿开立与肩同宽,一只脚尖向前,另一只脚尖向外,两臂侧平举掌心向前;上体向脚尖向外的一侧侧向伸展,直至同侧手尖触碰到脚面;恢复准备姿势。换另一个方向重复以上动作(图 4-1)。

作用:加强臀部和腰部肌肉的拉伸。

① ② ③ ④

图 4-1 三角拉伸

（二）蹲坐拉伸

动作要领：双腿并拢，双臂前平举，掌心向下；上臂保持不动，保持后脚跟着地下蹲；起立恢复准备姿势；上体保持不动，将后脚跟提起下蹲（图 4-2）。

作用：提高身体平衡性控制能力，加强膝关节和踝关节的拉伸。

图 4-2 蹲坐拉伸

（三）交叉膝盖抬起

动作要领：平躺，双臂张开，双腿提膝弯曲；将一侧腿抬起，踝关节放在另一只腿的膝盖上，成为交叉状；保持交叉姿势，将支撑腿向上抬起，小腿和大腿角度成 90°；恢复准备姿势。换另一侧练习（图 4-3）。

作用：加强臀部和背部肌肉力量，控制身体平衡。

图 4-3 交叉膝盖抬起

（四）侧向拉伸

动作要领：双腿开立与肩同宽，一只脚尖向前，另一只脚尖向外，两臂侧平举掌心向下；脚尖向外的一侧腿向侧跨出一步，下压成侧弓步；站起，同侧手臂放在体侧，对侧手臂伸向头顶，上臂靠近耳侧；再次形成弓步，上举的手臂侧展，同侧手臂伸向弓步踝关节；恢复准备姿势。换另一个方向重复以上动作（图 4–4）。

作用：拉伸大腿内侧和上体两侧肌肉。

① ② ③ ④

⑤ ⑥

图 4-4 侧向拉伸

(五) 全身伸展

动作要领:双腿并拢,双臂合十向上伸展;上体向前弯曲 90°;体前屈,双手触地;左腿后撤形成前弓步;右脚后撤形成四点支撑;双膝触地,手臂弯曲,腰部下压;手部支撑,身体向前划出,腿部触地,上体撑起;提起腰部,形成拱形;左腿向前跨出,形成弓步;站起,形成准备姿势(图 4-5)。

作用:拉伸全身关节肌肉和韧带。

①

②

图 4-5 全身伸展

二、专项器材练习

（一）绳梯侧向转身跳跃

动作要领：一只脚站在绳梯的方块里，另一只脚在绳梯外，双臂提起，做好起跳准备；身体向内旋转 90°跳跃，双脚跳入相邻两个方格内；身体向外旋转 90°跳跃，一脚内一脚外；连续跳跃向前行进（图 4-6）。

作用：体会滑行中身体旋转的感受。

① ② ③ ④ ⑤ ⑥

⑦ ⑧

图 4-6 绳梯侧向转身跳跃

(二) 绳梯 180°转身跳跃

动作要领:一只脚站在绳梯的方块里,另一只脚在绳梯外,双臂提起,做好起跳准备;身体向内旋转 180°跳跃,双脚跳向前方格;身体向外旋转 180°跳跃,双脚跳向前方格;连续跳跃向前行进(图 4-7)。

作用:体会滑行中身体快速旋转保持平衡的感受。

① ② ③

④ ⑤ ⑥

⑦ ⑧

图 4-7　绳梯 180°转身跳跃

(三) 绳梯分腿单足跳

动作要领：双腿分开跨在绳梯的边缘两侧，双臂提起，做好起跳准备；跳起向前，左脚落于绳梯内格；再次跳起，双腿分开落于绳梯两侧；向前跳起，换右脚落于绳梯内格；连续向前跳跃（图 4-8）。

图 4-8 绳梯分腿单足跳

作用:提高身体保持平衡的能力。

(四)障碍栏侧向跳跃

动作要领:侧向站立,做好滑行的基本姿势;模仿穿滑雪板跳跃,侧向跳跃障碍栏;落地仍然形成基本滑行姿态;连续跳跃障碍栏(图 4-9)。

作用：巩固滑行中基本滑行姿势，提高重心控制能力。

①　②　③　④　⑤　⑥

图 4-9 障碍栏侧向跳跃

（五）Z 型移动跳跃

动作要领：侧向站立，做好滑行的基本姿势；模仿穿滑雪板 Z 型滑行跳跃，侧向跳过标志物；落地仍然形成基本滑行姿态；连续跳越标志物（图 4-10）。

作用：感受陆地滑行中身体的移动和重心的转移。

①
②
③
④
⑤
⑥

图 4-10 Z 型移动跳跃

第五章

单板滑雪运动技术

一、单板滑雪运动的原理

(一) 平衡性运动

单板滑雪的平衡是指在滑行时,滑雪者针对阻力调整动作,保持自己身体平衡的能力。这需要在运动中结合运动的方向和姿势等多因素进行有效调整,才能实现。单板滑雪的平衡包括防止摔倒、控制转弯、保持节奏等平衡动作,其原理是克服自身重心移动,不断保持动态平衡。

(二) 运动模式

单板滑雪是一种需要通过持续动作来控制雪板和保持平衡的一种运动。我们会把这些运动分解成四个方向,来更深入地了解它们(图 5-1)。

图 5-1 运动模式

1. 垂直运动

垂直运动即利用身体或身体部位上下移动。当滑雪者通过髋、膝、踝三个关节联合运动，把身体向上或向下移动时，垂直运动便会发生，以此来管理滑雪板向下的压力。下压和伸展这两个动作就像山地自行车的减震装置，保持运动中的平稳。如果缺乏有效的垂直运动，雪板在滑行时就会产生震颤和弹动，从而影响平衡。

2. 旋转运动

旋转运动指身体绕着垂直轴的运动，可以分为上体旋转与下肢旋转。以髋关节为界，髋关节以上发起的旋转为上体旋转；反之为下肢旋转运动。

3. 前后运动

指身体向前和后的运动形式，即人体沿着矢轴的前后方向的运动。做单纯的前后运动可以实现滑雪板的立刃。两脚控制相反的前后运动可以产生对于滑雪板的拧转作用。

4. 左右运动

指身体沿着矢轴的左右方向，即滑雪板沿着额状轴方向的运动。左右方向的运动可以改变前后脚的压力变化。

(三) 滑雪板的作用

滑雪板在滑行过程中首先起到的是分担重量，减小摩擦力，提高滑行能力的作用。此外它还在身体横向、纵向、垂直或旋转移动时，通过立刃、拧板、轴转或弯曲变形等方式配合滑行者改变滑行状态。

滑雪板的立刃角度受立刃和拧板的动作影响，主要通过横向运动实现。压力的产生和管理是通过垂直运动结合纵向运动，令滑雪板弯曲变形而实现的。这既可以是从板头到板尾，也可以产生正拱形变或使形变消失。转向主要通过旋转和横向动作而产生，它需要在轴转和立刃之间寻找一个平衡点。

二、单板滑雪基本技术

（一）运动前的准备活动

（1）集中注意力练习。

（2）穿雪鞋，围绕雪场平缓坡慢跑两圈。

（3）行进间操（20 米 ×2）：即边行进边做徒手操，往返一次。

（4）活动各关节。

（二）基本技术动作

1. 穿脱滑雪鞋、滑雪板

动作要领：将滑雪鞋的外层鞋带解开，将鞋舌下压露出内层绑带，解开内层鞋带，穿好鞋子，将内层鞋带先系好绑紧，然后系外层鞋带（图 5-2）。

把滑雪板放在平坦的雪面上或与坡面呈 90° 摆放；滑雪板的板面朝下、板底朝上放置，防止滑走；首先用一只手扶住滑雪板或固定器，打开固定卡口；把绑带打开放置在固定器两侧；向后立直固定器的背板后将一只脚放进固定器里。先扣紧脚踝处绑带，后扣紧脚尖处绑带。穿好一只脚后以同样的方式穿另一只脚（图 5-3）。

图 5-2　穿脱滑雪鞋

①　②　③

图 5-3　穿脱滑雪板

知识窗

在山坡上放置滑雪板时，一定要将板翻过来放置，即将固定器一面放下面，防止滑雪板向山坡下滑走。

2. 正确拿滑雪板行走

动作要领：将滑雪板的板面面向身体外，板底面向身体；将手臂置于两个固定器之间，手指拖住向下的板刃；将滑雪板夹在手臂下固定，自然向前行走（图 5-4）。

图 5-4 正确拿滑雪板行走

3. 基本站姿

动作要领：双脚紧靠固定器站在滑雪板上，或站在滑雪板的防滑垫上；体会双脚的重心分布平均，感受放松踝、膝和髋关节；髋部、肩部与双脚的连线保持一直线，躯干直立放松，双臂放松置于身体两侧；目光看向行进方向。基本滑行时，也应保持该姿势（图 5-5）。

① 正面

② 侧面

视频：基本滑行姿势

图 5-5 基本站姿

易犯错误：在移动滑雪板时未能保持平衡，弯曲身体时只弯腰而不屈膝、踝、髋关节。

纠正方法：强化基本姿势、目视前方。

4. 身体垂直移动

动作要领：滑行时身体通过垂直移动来控制给予和吸收滑雪板的压力。下压：弯曲膝、踝、髋关节，拉近臀部与雪面之间的距离（图 5-6）。

易犯错误：膝关节弯曲不充分，身体僵硬。

纠正方法：身体放松，增加膝关节灵活度。

视频：垂直移动

图 5-6 身体垂直移动

5. 身体前后移动

动作要领：基本滑行姿势站立；身体做微下压动作的同时膝关节前顶，带动身体前倾，使重心在雪面投影点前移至脚尖，感觉身体力量压在前脚趾；身体站起，回到基本滑行姿势；身体微微下压，髋关节后顶，带动身体后移，使重心在雪面投影点后移到脚跟，体验身体力量落在后脚跟的感觉（图 5-7）。

①  ②

③  ④

视频：身体前后移动

⑤ ⑥

⑦ ⑧ ⑨

图 5-7 身体前后移动

易犯错误：前倾或后倾角度过大。

纠正方法：向前或向后微立起即可。

6. 身体侧向移动

动作要领：从基本滑行姿势开始，臀部以上保持为一个整体，向身体的左或右进行移动，移动幅度不应过大（图 5-8）。

易犯错误：移动幅度过大。

纠正方法：最大移动至能够保持平衡的状态即可。

①  ②

③  ④

视频：身体侧向移动

图 5-8　身体侧向移动

7. 侧向移动摸板尖

动作要领：身体侧向移动的加强版，臀部向身体一侧移动的同时，将手臂也向同侧方向移动至触碰板尖为止（图 5-9）。

①

②

视频：侧向移动摸板尖

③ ④

图 5-9 侧向移动摸板尖

易犯错误：侧向移动时身体过于前倾。

纠正方法：保持基本滑行姿势，身体保持在一个水平面进行侧倾。

8. 平地立刃

（1）平地立前刃

动作要领：立前刃时，在基本站立姿势的基础上，将两臂展开，提起脚跟，脚尖向下压前刃，屈膝向前，髋关节保持原位，上体稍稍向后，目视前方，力量均匀分布在两脚之间（图 5-10）。

易犯错误：髋关节移动，失去平衡。

视频：原地立刃

图 5-10 立前刃

纠正方法:保持髋关节的位置不动,调整上体不要过于向前倾斜。

(2)平地立后刃

动作要领:立后刃时,在基本站立姿势的基础上,将两臂展开,抬起脚尖,脚跟向下压后刃,膝关节伸直,髋关节保持原位,上体稍稍向前,目视前方,力量均匀分布在两脚之间(图 5-11)。

图 5-11　立后刃

易犯错误:髋关节移动,失去平衡。

纠正方法:保持髋关节的位置不动,调整上体不要过于向前或向后倾斜。

9. 原地跳跃 180°变向

动作要领:先在平坦的雪面上分别练习双脚同时跳跃和半周的旋转。后将两个动作结合起来,用肩部带动身体移动,跳跃与旋转同时进行(图 5-12)。

易犯错误:空中失衡。

纠正方法:起跳时双脚同时用力,控制髋关节在中心的位置,落地缓冲。

①　②　③　④　⑤　⑥

图 5-12 原地跳跃 180°变向

视频：
原地跳转 180°

视频：
原地 180°转体

10. 单脚蹬滑

动作要领：后脚置于后刃后 / 前刃前，站立于滑雪板上，单脚放置的位置不超过前脚固定器；后脚轻轻向前推，感受雪板在下面滑动；将后脚放置在前后固定器的中间；后脚以小步缓慢前进，板头指向行进方向推动前脚一并前进（图 5-13）。

① ② ③ ④

图 5-13 单脚蹬滑

视频：单脚蹬滑

易犯错误：眼睛看脚下，重心移动到蹬动腿上，上体前倾，蹬动脚前脚掌踩板。

纠正方法：重心始终放在前脚上，手臂指向滑行方向，双眼目视前方。

11. 单脚滑行

动作要领：蹬动雪地，滑雪板滑动加速，同时将后脚置于防滑垫上或靠在后脚固定器旁，保持滑行直到滑雪板自然停止（图 5-14）。

易犯错误：做出不稳定的滑行动作。

①

②

视频：单脚滑行

③

④

⑤

⑥

图 5-14 单脚滑行

纠正方法：使用流畅渐进的动作来帮助平衡。

12. 单足固定蹬坡

动作要领：面坡站立，面向下坡方向，后脚置于滑雪板前刃前；滑雪板垂直于坡道，立起雪板，让雪板前刃在雪面吃住劲，屈曲前膝和踝关节，后脚走一小步，前脚抬起整个雪板移至后脚后跟处，让雪板再次抓紧雪面；上体前倾角度随坡度变化，上体和手臂放松，目光向前观察，头颈自然放松（图 5-15）。

易犯错误：雪板前刃撞到自由脚，雪板前刃落雪后不能保持垂直于滚落线，导致雪板侧滑。

纠正方法：掌握登坡节奏，用力不宜过大，上体不得前倾或后仰。

① ② ③ ④

视频：蹬坡

⑤

图 5-15 单足固定登坡

13. 单蹬—滑行—停止

（1）单蹬—滑行—后刃停止

动作要领：蹬动动作同单蹬单滑的动作；蹬动后自由脚迅速踏上单板；身体恢复基本滑行姿势，保持一段自由滑行；后刃停止动作开始时，后脚逐渐用力向后用后刃推雪成横向；逐渐转体，身体向后倒，加力推雪到停止，维持平衡（图 5-16）。

易犯错误：后脚推雪用力过大；身体后倾角度过大；推雪停止时双腿过直。

①

②

③ ④ ⑤ ⑥

图 5-16　单蹬—滑行—后刃停止

纠正方法：在滑行过程中不可用刃，身体重心在两脚之间，目视滑行方向。

（2）单蹬—滑行—前刃停止

动作要领：蹬动动作同单蹬单滑的动作；蹬动后自由脚迅速踏上单板；恢复基本滑行姿势，保持一段自由滑行；前刃停止动作开始时，后脚逐渐用力向前用前刃推雪成横向；逐渐转体，身体向前倾倒，加力推雪到停止，维持平衡（图 5-17）。

易犯错误：后脚推雪用力过大；身体前倾角度过大；推雪停止时双腿过直。

纠正方法：在滑行过程中不可用刃，身体重心在两脚之间，日视滑行方向。

图 5-17 单蹬—滑行—前刃停止

14. 直滑降

动作要领:蹬坡至平缓的一小段坡上,自由脚站稳后,轻轻转动固定脚,从而转动滑雪板使整个滑雪板朝向山下。

转移身体重心于固定脚,平稳启动滑行。同时自由脚站在两固定器之间,靠近后固定器处。

身体保持基本滑行姿势,直线滑行至平地后自然停止(图 5—18)。

易犯错误:重心置于板尾。

纠正方法:增加前腿的重量分布和前脚下的压力。

①

②

图 5-18　直滑降

15. 单脚固定转向（J 型转弯）

（1）单脚固定后刃转向

动作要领：蹬坡，启动滑行，以直滑降开始；身体重量压在前脚，以前脚为轴，肩髋、膝、踝关节同时朝向后刃方向旋转；柔和地施加压力与旋转力量，使滑雪板在直滑降过程中逐渐朝后刃方向转动，并形成 J 型转弯至停止（图 5-19）。

易犯错误：力量施加太突然，造成旋转过度。

纠正方法：使用后刃时，屈曲脚踝和膝关节。

①

②

图 5-19 单脚固定后刃转向

（2）单脚固定前刃转向

动作要领：缓坡启动滑行，以直滑降开始；身体重量在前脚，以前脚为轴，肩、髋、膝、踝关节朝前刃方向旋转；柔和施加压力与旋转力，使滑雪板在直滑降过程中逐渐朝向前刃方向转动，并形成前刃 J

型转弯至停止(图 5-20)。

易犯错误:压力施加太突然,造成旋转过度。

纠正方法:使用前刃时,屈曲踝和膝关节。

① ② ③ ④ ⑤ ⑥

⑦ ⑧ ⑨ ⑩

图 5-20 单脚固定前刃转向

16. 安全摔倒与站起

（1）安全摔倒

动作要领：安全摔倒分向后摔和向前摔。具体动作如下。

向后安全摔倒：当处于失衡的状态时，屈膝向后躺倒，双腿抬起（图 5-21）。

向前安全摔倒：当处于失衡的情况时，双臂弯曲于胸前，向前扑倒（图 5-22）。

易犯错误：失去平衡以后挣扎。

纠正方法：失去平衡先做好准备姿势，重心降低。

①

②

视频：
安全摔倒

③

图 5-21 向后安全摔倒

①

②

③

图 5-22 向前安全摔倒

（2）站起

动作要领：可分为坐起、跪起两种方式。

坐起：站起时需先坐地，用板的后刃压住雪面，向重心反方向起身，站稳即可（图 5-23）。

① ② ③ ④

⑤

图 5-23　坐起

跪起：站起时需先跪地，用板的前刃压住雪面，向重心反方向起身，站稳即可（图 5-24）。

① 　②

③ 　④

图 5-24　跪起

易犯错误：无法利用刃。

纠正方法：站起时避免向重心反方向过度偏移，可加大立刃角度。

17. 后刃推坡

动作要领：用舒服和放松的姿势站立，髋部平衡在后刃上，感受双脚轻轻压在滑雪板上。滑下时，轻轻把髋部和膝部移至雪板上方并轻轻压低脚尖，身体微微站起对动作会有所帮助。减慢或停止，把髋部后移至后刃上，并轻轻提起脚尖来减速或停止。放松及轻微屈膝会有助于动作完成，持续做出动作直至停止（图 5-25）。

易犯错误：前刃卡刃。

纠正方法：弯曲膝关节，把髋部置于后刃上方。

视频：后刃推坡

① ② ③ ④

图 5-25 后刃推坡

18. 前刃推坡

动作要领：使用基本姿势，髋部平衡在脚趾肚上，感受小腿几乎压在鞋舌上。开始下滑时，轻轻释放小腿在鞋舌上的压力，把髋部移回滑雪板上方，板便会开始滑动。身体微微站起对动作会有帮助。至减速并停下，屈膝并放松踝部，把髋部前移到脚趾肚上方。感受胫骨压力再次累积在鞋舌上。持续做出动作直至雪板停下（图 5-26）。

易犯错误：后刃接触雪面，被动摔倒。

纠正方法：用直立的基本站姿，把髋部重心移动于前刃上方，同时屈膝和踝关节，把重心维持在前刃上。

①　②　③　④

图 5-26　前刃推坡

视频：前刃推坡

19. 后刃落叶飘

动作要领：后刃推坡开始，压力平均分布在双脚的后脚跟上。轻轻地用手臂引导转体方向，开始转体。移动右膝和臀部，重心到右脚脚尖上，同时缓缓放平右脚尖，保持这个姿势，让雪板平稳地滑向右方。要停止的话，把手臂、右膝和髋部移回右脚脚跟上，把压力再次平均分布在双脚的后跟。要令雪板滑向左边，使用左膝和髋部重复以上动作（图 5-27）。

易犯错误：眼看脚下，重心后坐，转体不充分。

纠正方法：上体保持直立，双手打开在身体两侧，双眼看向滑行方向。

① ② ③ ④

视频：后刃落叶滑降

⑤

图 5-27　后刃落叶飘

20. 前刃落叶飘技术

动作要领：从前刃推坡开始。小腿胫骨前方平均地压在雪鞋上。板尖对准前进方向，开始提高重心、转体，轻轻地伸直左膝关节并将左膝向左脚外侧移动，同时轻微地放平脚后跟，释放小腿在雪鞋上的压力，进入前刃斜滑降，控制滑行方向，保持滑行的直线性，要停止时，弯曲左膝和左脚趾，两腿胫骨压力再次平均分布在雪鞋的鞋舌上。要令雪板滑向右边，使用右腿重复以上动作（图 5-28）。

易犯错误：眼看脚下，重心后坐，转体不充分。

①

②

视频：
前刃落叶滑降

③ ④ ⑤ ⑥

图 5-28 前刃落叶飘技术

纠正方法：上体保持微微前倾，双手打开在身体两侧，用余光看向滑行方向。

21. 斜滑降

动作要领：利用整条雪道的宽度，将重心平衡在后刃上，从坡道的一侧横穿到另一侧。与落叶飘一样通过转体、踝部和前膝产生拧板，并把板头稍微朝向滚落线。板尖对准行进方向，保持双脚重心一致并让视线穿过坡道看向行进方向。在坡道的另一边停下时，缓缓拧板至推坡姿势。由于还没有学会直接转身，只好先坐下翻身到另一侧刃上，再重新开始重复练习直至适应动作（图 5-29）。

①

②

③

④

视频：
斜滑降

⑤

⑥

⑦

⑧

⑨ ⑩

图 5-29 斜滑降

易犯错误：板未能向横切方向移动，反而往山下滑降。

纠正方法：把板头指向山下，然后将身体平衡在后刃上。

22. 花瓣式滑行

动作要领：花瓣式滑行包含了转弯的发起和完成阶段；开始与搓雪横切一样，通过小幅度的拧转滑雪板，当雪板朝滚落线方向移动时，把前膝朝山下转动和轻微转动髋部来帮助发起动作；当转出滚落线时，渐进地转动前膝和髋部，以驱动雪板转向，以与开始转弯时同一方向的横切结束；横穿雪道，连续做以上动作，形成花瓣式滑行轨迹，在终点停下后翻身，做另一侧刃反方向的重复同样的动作（图 5-30）。

易犯错误：害怕把滑雪板转向至滚落线上。

纠正方法：练习落叶飘和横切，培养把重心平均分布在双脚上的习惯。

①

②

③

④

视频：
花瓣式滑行

⑤

⑥

⑦

⑧

⑨ ⑩ ⑪ ⑫ ⑬ ⑭

图 5-30 花瓣式滑行

23. J 型转弯—直滑—后刃

动作要领：一个初级的改变滑行方向的技术，直滑降增加滑行速度后进行后刃转弯；转弯至雪板与山坡滚落线垂直（图 5-31）。

易犯错误：后刃无法立刃。

①

②

③

④

⑤

⑥

⑦

⑧

图 5-31 J 型转弯—直滑降—后刃

视频：
J 型转弯—直滑降—后刃

纠正方法：移动髋关节至脚跟后方，加大压膝和踝关节的角度。

24. J 型转弯—直滑—前刃

动作要领：一个初级的改变滑行方向的技术，直滑降增加滑行速度后进行前刃转弯；转弯至雪板与山坡滚落线垂直（图 5-32）。

① 　②

③ 　④

视频：J 型转弯—直滑降—前刃

⑤　⑥

⑦

图 5-32 J 型转弯—直滑—前刃

易犯错误:前刃无法立刃。

纠正方法:移动髋关节至脚跟前方,加大压膝和踝关节的角度。

25. C 型转弯

动作要领:C 型转弯,在一侧刃上开始,转向另一侧刃上。完成一个换刃的转弯,但无须对下个转弯作准备。跟花瓣式滑行一样,以穿坡横切开始,拧板旋转,使板头进入滚落线;待板底与雪面贴合,板头直指滚落线下方时,轻微伸展髋部横过滑雪板继续移动,在另一侧刃上平衡,完成换刃;换刃时机非常关键,要完成整个转弯,渐进地旋转髋部和膝部,把滑雪板柔和地转出滚落线,如同花瓣式滑行一样;视线穿过坡道看向行进方向(图 5-33)。

易犯错误:发起转弯感到困难(常见于前刃转弯上)。

纠正方法:保持身体纵向居中,更容易做出拧板动作。

①　②　③　④　⑤　⑥

视频：C型弯转—前刃

图 5-33 C型转弯

26. 拧转 180°

动作要领：拧转 180° 实际上就是重心的转移和身体的旋转

运动；从基本滑行姿式开始斜滑降，此时身体的重心放在后脚；将重心从后脚迅速转移到前脚，同时以前脚为轴，向前旋转 180°；落地后前刃滑行（图 5-34）。

①　②　③　④

图 5-34　拧转 180°

视频：拧转 180°

易犯错误：身体失衡，旋转不到位。

纠正方法：身体保持在一个水平面上，以一个脚为圆心垂直水平快速旋转。

27. 360°旋转

动作要领：由后刃转到前刃，前刃转到后刃；从直滑降开始，进行正脚的前刃转弯接反脚的后刃转弯；反之一样，注意进行练习时目视滑行方向，身体重心保持在中间（图 5-35）。

易犯错误：身体失衡，旋转不到位。

纠正方法：身体保持在一个水平面上，以一个脚为圆心垂直水平面快速旋转。

①

②

③

④

视频：360°旋转

⑤

⑥

图 5-35 360°旋转

28. 正向旋转 180°

动作要领：滑行过程中从斜滑降开始，正脚后刃斜滑降；身体下压，以身体的垂直轴起跳，向前旋转 180°；前刃落雪后，按照双脚前刃斜滑降滑行（图 5-36）。

易犯错误：无法前刃落地。

纠正方法：旋转落地时保持膝关节和踝关节前压，保持基本站姿。

① ② ③

图 5-36 正向旋转 180°

视频：正向旋转 180°

29. 反向转 180°

动作要领：基本姿式正脚前刃斜滑降滑行；身体下压，同时沿垂直轴起跳，沿背后方向旋转 180°；后刃落雪后，按照反脚后刃滑降滑行（图 5-37）。

易犯错误：无法后刃落地。

纠正方法：旋转落地时保持膝关节和踝关节后压，保持基本站姿。

① ② ③ ④

图 5-37 反向旋转 180°

视频：反向旋转 180°

30. 跳跃换刃

动作要领：推雪转弯正脚前刃转弯进入出弯阶段时身体下压作起腿姿势；在转弯最后一刻借助滑行力量起跳，身体正直向上，双脚做从后向前的运动。将板刃由前刃换成后刃；落雪后，按照正脚后刃滑行，在此转弯进入结束阶段最后一刻起跳，由后刃换成前一刃；以此方式进入行换跳跃换刃入弯（图 5-38）。

易犯错误：单脚起跳。

纠正方法：保证滑行中重心移动，跳起时重心跟着向前移动。

① ② ③ ④

视频：跳跃换刃

⑤

图 5-38 跳跃换刃

31. 单个转弯

动作要领:后刃开始,压力平均分布在双脚的后脚跟上,轻轻地用手臂来引导转体方向,开始转体;移动右膝和臀部到右脚上,加大立刃角度,保持这个姿势,让滑雪板平稳地滑向右;若要停止,把手臂、右膝和髋部移回右脚脚跟上,把压力再次平均分布在双脚的后跟;要使雪板滑向左边,使用左膝和髋部重复以上动作(图 5-39)。也可以从前刃开始,那么就要让滑雪板滑向左方;单个转弯形状为英文字母“C”型。

易犯错误:身体前倾或后倾过大。

①

②

③ ④ ⑤

图 5-39 单个转弯

纠正方法：立刃时控制身体重心。

32. 连续推雪转弯

动作要领：从单个转弯开始，将原来的刹车变为继续滑行，然后做下一个转弯；在转弯连接时保持前进动能，同时确保前一个转弯的完成阶段有良好的控制。开始练习时，利用长距离横切，留出充分的时间为下一个弯做准备，并能游刃有余地寻找合适的转弯点，同时避开其他滑雪者。随着信心增加，减少横切长度，并确保目光看向行进方向（图 5-40）。

易犯错误：非工作刃接触雪面，前刃上失去前进动能。

① ② ③ ④ ⑤ ⑥ ⑦ ⑧

⑨ ⑩ ⑪ ⑫

图 5-40 连续推雪转弯

纠正方法:重心和髋部向上提升并移动到新刃上。目光看向行进方向,而不是向山上看。

33. Oilloes 跳

动作要领:雪板前端起跳;滑雪者使用板尾或板尖起跳,然后以平板落地。雪板后端起跳练习时应从平坦的滑雪面开始。

保持基本滑行姿势,然后把髋部移动至板尾的方向;保持上半身与雪面平行;利用滑雪板的板尾起跳,在空中时与双膝同时弯曲收起,身体重心回到中心。平稳下落(提示:在练习时,双眼保持目视滑行方向,有助于保持平衡)。

雪板前端起跳练习时应从平坦的雪面开始;保持基本滑行姿

势；然后把髋部移动至板尖的方向；保持上半身与雪面平行；利用雪板的板尖起跳，在空中时双膝同时弯曲收起，身体重心回到中心。平稳下落（提示：在练习时，双眼保持目视滑行方向，有助于保持平衡）（图 5-41）。

易犯错误：无法跳起。

纠正方法：起跳中两脚形成跟随式，起跳时微微有收腿动作（与高抬腿动作相同）。

视频：Oilloes 跳

① ② ③

图 5-41 Oilloes 跳

第六章

比赛规则

- 一、单板滑雪平行大回转赛规则
- 二、单板滑雪障碍追逐赛规则
- 三、单板滑雪 U 型场地技巧赛规则
- 四、单板滑雪坡面障碍技巧赛规则
- 五、单板滑雪大跳台赛规则

一、单板滑雪平行大回转赛规则

资格赛:所有参赛运动员都在同一条赛道上滑行 1 至 2 次(根据比赛实际情况而定),取最好成绩的男、女前 16 名进入决赛。少于 50 名参赛者的比赛,男、女各取前 8 名参加决赛。

决赛:分为 1/8 决赛、1/4 决赛、1/2 决赛、小决赛和大决赛。1/8 决赛胜者进入 1/4 决赛;以此类推,1/2 决赛胜者进入大决赛,失败者进入小决赛。大决赛胜者排名第一,败者第二;小决赛胜者排名第三,败者排名第四。

单板滑雪平行大回转决赛采用两次滑行模式,在第二次滑行时必须变换赛道。第一次比赛中落后的选手延迟出发,延迟的时间为第一次比赛落后的时间。第二次比赛中率先抵达终点的选手取胜,失去参赛资格或弃权的运动员将被淘汰,若两名运动员都没有能完成比赛,那么两次累计通过旗门最多的运动员赢得胜利,第二次滑行会赢得比赛。

比赛以滑行速度评定名次,采用电子计时器记录成绩。比赛过程中有肢体接触、干扰对手、没有在旗门的外侧进行转弯、从三角旗门中穿过、有漏门、未能至少一只脚固定在滑雪板上完成比赛,都会被取消比赛资格。

二、单板滑雪障碍追逐赛规则

单板滑雪障碍追逐赛以坡面、回转、旋转、跳跃等技术形式通过由多种地形和障碍物组成的赛道,成绩以到达终点的时间判定,最先通过终点的选手为胜。

预赛采取单人计时赛形式，运动员进行一次或两次滑行，取最好成绩决定决赛排名。决赛由 32 名男子运动员 /16 名女子运动员按 4 人一组进行多人计时赛。率先通过终点的为本组第一名。各组比赛结束后，排在前 16 名的选手进入 1/4 决赛。从 1/4 赛开始，每组有 4~8 名选手参赛，获得前 2~4 名的进入下一轮。选手在比赛过程中不允许有意地用推、拉或者其他的身体接触方法来使其他运动员减速、摔倒或者离开雪道，否则将被剥夺比赛资格。允许无法避免的“无意的身体接触”。所有的身体侵害由场地裁判和竞赛仲裁委员会判决。如遇到两名及以上运动员同时通过终点，将根据预赛成绩或 FIS 积分来判定胜出者。

三、单板滑雪 U 型场地技巧赛规则

单板 U 型场地技巧运动员在音乐的伴奏下在 U 型滑道内边滑行边利用滑道做各种旋转和跳跃动作。一般为 5~8 个动作，6 名裁判员根据运动员完成动作的高度、速度、技巧、难度、创新性等整体效果评分。满分为 100 分，排除最高分与最低分，剩下的四个分数的平均分为该选手本轮比赛最终分数，保留小数点后两位有效数字，取两次表演中更好的成绩。

比赛有预赛、半决赛、决赛，分为单赛制和分组赛制两种比赛模式。

单模赛制：两轮取最好成绩，所有运动员均参加第二轮比赛。首轮预选赛前 6 名选手直接晋级决赛。其余选手参加第二轮预选赛，前 6 名选手也获得决赛权。12 名决赛选手进行两轮比赛，根据两轮决赛中的最好成绩排定最后的名次。

决赛：也采用单赛制和分组赛制，进入决赛的人数，男子最多 24

人，女子最多12人。所有运动员均参加第二轮比赛，取滑行两轮取最好成绩。

四、单板滑雪坡面障碍技巧赛规则

坡面障碍追逐赛分为预赛和决赛，全部采取单人滑行赛制。预赛后，进入决赛的人数，男子最多24人，女子最多12人。共有6位裁判员以百分制对运动员进行整体印象评分，主要考虑到高度、动作难度、多样性、连续性，以及创新性方面进行评价。裁判员要对摔倒、失误及停止给予考虑。每一次摔倒或停止，会扣掉该运动员此次滑行所得分数的20%。计分取6位裁判的平均分，保留两位有效数字。

五、单板滑雪大跳台赛规则

大跳台赛采用淘汰式，如果是两轮表演，取其中最好的一次成绩决定排名，如果是三轮表演，则取其中最好的两次成绩决定排名等多种竞赛形式。一般来说，预赛采用两轮，决赛采用三轮的方式进行角逐。

比赛中共有6位裁判员根据百分制评分体系评分，每位裁判员最多能给运动员100分。取所有裁判员分数的平均值作为每名运动员一次滑行的最终分数，保留小数点后两位的数字。分数首先来自整体印象，即依据整体印象的评判标准来对运动员从出发至终点区的整体滑行表现进行总体评价。此外，裁判员还要对运动员所完成的一趟滑行，独立地对每个动作进行评价。裁判员要对动作的编排，对滑行过程中冒险的程度，以及运动员如何利用场地等进行评价。裁判员还要对摔倒、失误及停止给予处罚。每一次摔倒或停止，裁判员都会扣掉该运动员此次滑行所得分数的30%。例如，一个运动员的空中动作本应该得到45分，但是由于落地时的重大失误就会被减掉25分。此外，起跳的高度、动作的难度以及在空中完成动作过程中的表现等，即运动员在做动作的整个过程中，从起跳到着地所保持控制能力，动作良好的稳定性和流畅性等，也都是评判的内容，甚至包括动作的多样性，即将不同的动作融到一次滑跳中的水平，以及动作的创新性等内容都会影响到评分。

郑重声明

反盗版举报电话　(010) 58581999　58582371　58582488
反盗版举报传真　(010) 82086060
反盗版举报邮箱　dd@hep.com.cn
通信地址　北京市西城区德外大街4号
　　　　　高等教育出版社法律事务与版权管理部
邮政编码　100120

内容提要

本书是全国亿万学生阳光体育运动课外活动指导书，也是“青少年冰雪运动推广丛书”之一。全书以冬季奥林匹克运动会15个大项中的单板滑雪运动项目为主要内容，通过文字、插图和视频，向零基础的青少年普及单板滑雪运动知识，满足青少年了解、欣赏和学习冬奥会项目的需求。全书深入浅出地介绍了单板滑雪运动项目，包括认识单板滑雪，场地、装备与器材，单板滑雪的基本常识，陆上练习，单板滑雪运动技术，比赛规则等内容。

本书适合青少年单板滑雪运动初学者学习，也适合单板滑雪爱好者阅读欣赏。

图书在版编目（C I P）数据

单板滑雪 / 哈尔滨体育学院组编 ; 谭睿，陈曲骏骊本册主编. -- 北京 : 高等教育出版社，2020.10
（青少年冰雪运动推广丛书 / 朱志强主编）
ISBN 978-7-04-054034-5

Ⅰ. ①单… Ⅱ. ①哈… ②谭… ③陈… Ⅲ. ①雪上运动-青少年读物 Ⅳ. ①G863.1-49

中国版本图书馆CIP数据核字(2020)第068954号

策划编辑 陈 海　责任编辑 靳剑辉　封面设计 王 洋　版式设计 于 婕
插图绘制 黄云燕　责任校对 胡美萍　责任印制 朱 琦

出版发行 高等教育出版社
社 址 北京市西城区德外大街4号
邮政编码 100120
印 刷 三河市骏杰印刷有限公司
开 本 787 mm×960 mm 1/16
印 张 6.75
字 数 77千字
购书热线 010-58581118
咨询电话 400-810-0598
网 址 http://www.hep.edu.cn
http://www.hep.com.cn
网上订购 http://www.hepmall.com.cn
http://www.hepmall.com
http://www.hepmall.cn
版 次 2020年10月第1版
印 次 2020年10月第1次印刷
定 价 28.40元

物 料 号 54034-00